AF450786

LA CRISE

DE

L'EUROPE.

LA CRISE

DE

L'EUROPE,

Ou Pensées sur le systême que les différentes Puissances de l'Europe, & en particulier la Neutralité armée devroient suivre dans la conjoncture présente.

TRADUIT DE L'ANGLOIS.

M. DCC. LXXXIII.

LA CRISE

DE

L'EUROPE.

DEPUIS quelques années, l'aspect de l'Europe a donné clairement à connoître à ceux qui savoient voir, que cette époque devoit, selon toutes les apparences, être celle de quelque grande révolution. De nouveaux principes avoient commencé à prendre racine, & on avoit vû des Empires jouissant n'a guères, dans la balance politique, d'aſſez peu de conſidération, ſe pré-ſenter avec une force & des reſ-ſources auxquelles on n'avoit pas lieu de s'attendre. L'ancien-ne diſpoſition d'eſprit, qui por-toit à des conquêtes en Europe, étoit réprimée, ſoit par l'incerti-tude du ſuccès, ſoit par l'expé-rience de ſon inutilité. Les États civiliſés commençoient à ſe con-vaincre que le pouvoir dépend de l'induſtrie & de la richeſſe des ſujets ; qu'à l'aide d'un ſyſtéme de gouvernement ſage & judicieux, une province de peu d'éten-due pourroit avoir plus d'influence fur fes voifins, que n'en auroit fans cela la monarchie la plus vafte. A cette époque, on vit la puiffance militaire de la Pruffe, & les forces maritimes de la Kuffie s'accroître journellement en réputation & en fplendeur, de forte que les politiques & les hommes d'état s'épuifoient en conjectures fur les conféquences qui devoient probablement réfulter de tous ces changemens.

Durant cet état d'incertitude politique, on vit dans les régions éloignées du Nord de l'Amérique, s'élever un nuage, qui, fans préfager d'abord rien de finiftre produisit bientôt une tempête dont les secousses ont ébranlé les quatre parties du globe. Le prétexte qui donna naissance à cette commotion fut l'infraction faite aux droits de certaines colonies de l'Amérique angloise ; mais l'injuste jalousie de quelques nations, occasionnée par le degré de pouvoir & d'opulence auquel la Grande-Brétagne étoit parvenue , fut la cause unique du progrès & de la durée du trouble. C'est par là que la prétention de lever un impôt de nulle importance sur une feuille des Indes Orientales, dans certaines parties de l'Amérique angloise fut capable d'armer la France , l'Espagne, la Hollande, & de fixer depuis l'attention de toutes les Puissances de l'Europe qui semblent se croire essentiellement intéressées à l'issue de cette querelle.

Qui pourroit s'étonner que dans une guerre d'une aussi grande importance & dont les ravages se sont étendus si loin , que dans une guerre devenue particulièrement guerre de mers, on ait quelquefois donné atteinte à la propriété des Puissances neutres, & que celles-ci aient eu peine à préserver leur commerce de violence & d'insulte ?

On devoit donc naturellement s'attendre que certaines Puiſſances maritimes ſe verroient dans la néceſſité d'examiner le code des nations, rélativement aux Puiſſances en guerre, & qu'après une ſérieuſe délibération, ces Puiſſances annonceroient à la face de l'Univers, les principes d'après leſquels elles ſe détermineroient à prendre la défenſe du commerce & de la propriété de leurs ſujets.

Il n'eſt donc nullement néceſſaire de tracer l'hiſtoire de l'origine & des progrès d'une confédération, la ſeule peut-être dans les annales du genre humain, fondée ſur des

principes juftes, équitables & généreux. On feroit difpofé à croire
qu'une ligue auffi diftinguée par la
fageffe & la générofité de fes rè-
glemens, eft moins l'ouvrage d'un
corps d'hommes d'état, gens trop
enclins à la partialité fur les petits
intéréts de leurs nations refpectives,
que celui d'une affociation choifie
d'amis de l'humanité.

Mais actuellement qu'on eft
parvenu au but principal que cette
ligue fe propofoit, il eft une recher-
che de la plus grande importance
pour les membres de cette confédération; c'eft de favoir jufqu'où
l'extenfion des principes fur lef-

quels la ligue repofe feroit indif-
penfable en ce moment, & fi fon
activité permanente ne feroit pas
fuivie des plus heureufes conféquences pour fes membres, pour
l'Europe, & même pour le genre
humain.

Les avantages que quelques Puiffances de l'Europe ont recueillis de
leurs grandes & précieufes poffef-
fions dans le continent au Midi ou
au Nord de l'Amérique, font trop
bien connus pour exiger des
éclairciffemens.

Les revenus de quelques unes
de ces provinces, les productions
qu'on tiroit de chacune d'elles,

tranfportées dans leurs refpectives mères patries, augmentoient tellement les richeffes, l'induftrie, & le commerce de celles-ci, qu'elles en acqueroient une fupériorité marquée fur les autres États de l'Europe. Et quelque gloire que chacune de ces Puiffances favorifées pût tirer de ces colonies refpectives, elles fe maintenoient entre elles dans un état d'égalité qui affuroit l'indépendance de leurs voifins en Europe. Mais actuellement que les Colonies de l'une de ces Puiffances ont réuffi à fecouer le joug de leur mère patrie, tandis que le refte des Colonies (le Brefil

excepté) affujetties à des Puiffances européennes , fe trouvent être
fous la domination d'une feule famille , unie par les nœuds les plus
étroits , ou , pour parler plus clairement , d'une famille dont une
branche eft dans la dépendance &
dans la fubordination de l'autre , il
paroît que les amis de la liberté &
de l'indépendance du genre humain ne font que trop dans le cas
de s'écrier : n'avons-nous pas raifon
de prendre l'allarme ? Oui, le génie ambitieux de la monarchie
françoife fe trouvant favorifé par
des circonftances d'une telle importance , offre des fondemens fo-

lides aux craintes & à la jalou-
fie de l'Europe. Ce n'eft pas la
première fois que les fouverains
de ce royaume ont tenté d'étendre
leur puiffance fur leurs voifins, &
s'ils réuffiffent à parvenir au but
qu'ils fe propofent maintenant, les
alliés de la France ne tarderont pas
à être ce que furent autrefois les
alliés de l'ancienne Rome ; c'eft-
à-dire, fubordonnés fous un air
d'indépendance.

Quoi donc ! l'Europe auroit-
elle déjà mis en oubli le danger
qu'elle courut fur la fin du dernier fiècle, de fe voir foumife à
l'impérieufe domination de Louis

XIV , danger dont une confédération formidable & victorieuse eut
peine à la préserver?

Peut-elle oublier le bombarde-
ment de Génes , où l'on vit le premier magistrat d'un État libre,
contraint d'abandonner sa patrie
pour aller ramper avec soumission
aux pieds de ce monarque altier?

Peut-elle oublier l'invasion de la
Hollande , quand, sur les prétextes
les plus légers & les plus frivoles,elle
assaillit inopinément un voisin qui
n'étoit pas sur ses gardes, & obli-
gea ce peuple brave & résolu à
chasser son ennemi en inondant le
pays qu'il avoit envahi ?

Et qui effacera jamais de la mémoire du genre humain, le souvenir de ce que fit cette maison de Bourbon, lorsqu'après les engagemens les plus solemnels, de renoncer à toute prétention sur les possessions ou les domaines de l'Espagne; engagemens contractés, non en secret, mais à la face de l'Europe entière, on vit le monarque François enfreindre des obligations aussi solemnelles; on vit ses sujets préoccupés des mêmes idées d'ambition, jusqu'à soutenir leur Prince dans une aussi honteuse violation?

Voilà ce que les Puissances de l'Europe, aujourd'hui libres & indépendantes , ont à redouter , fi l'on fouffre que le fuccès couronne les vues & les projets pernicieux de la Cour de France ; & voilà comment cette Cour faura, fi l'Europe ajoute foi aujourd'hui à fes dangereufes paroles , fe dégager des promeffes qu'elle fera dans le cas de faire.

Mais on me demandera, quelles précautions l'Europe, en général, devroit donc prendre dans une crife de telle importance ? Les colonies de la Grande Brétagne , femblent être pour toujours féparées de leur mère patrie. Il eft même douteux fi les forces de l'Europe réunies feroient capables de les ramener à l'obéiſſance due à leur dernier ſouverain. Eſt-ce qu'il nous conviendroit d'épuiſer le ſang & les tréſors de nos ſujets dans une querelle qui ne nous concerne pas immédiatement ?

Occupé depuis longtems à réfléchir ſur l'état général de l'Europe , & en particulier ſur les dangereuſes con-ſéquences qui réſulteroient d'une paix conclue dans les termes aux-quels , en ce moment , l'Angle-terre pourroit bien conſentir à ſe ſoumettre , j'ai cru qu'il pourroit être intéreſſant de rechercher dans une ſpéculation politique , quel

devroit être l'objet que les différens États de l'Europe devroient
avoir en vue , & quel plan on
pourroit former pour contenir l'ambition des Bourbons , pour con-
ferver en Amérique , auffi bien
qu'en Europe, la balance du pouvoir, & pour offrir à la Neutralité
armée, l'occafion de maintenir le
fyftême jufte , fage & généreux à
la confervation duquel elle fe trouve
perfonnellement intereffée. Le plan
n'étoit pas difficile à découvrir :
c'étoit, en deux mots, *d'émanciper
les différentes colonies Européennes,
en Amérique , des gênes de commerce , impofées par les différentes Puif-*

sances, auxquelles elles sont en ce moment assujetties.

Il n'est pas nécessaire de faire voir les avantages que recueilliroient tous les États de l'Europe, &, par la suite, ceux même dont les colonies seroient émancipées, s'il étoit possible que cette importante révolution pût s'opérer, relativement aux provinces les plus précieuses & les plus riches du monde. Mon cœur tressaille, en pensant qu'un jour on pourroit voir les Puissances de la Russie, du Dannemarc, de la Suède, de l'Autriche, de la Hollande, de la Prusse, de la Grande Brétagne, aborder

fans gêne fur les côtes du Chili &
du Pérou, fans que d'orgueilleux
monopoleurs puffent les empêcher
d'échanger les productions de l'Europe contre les tréfors de l'Amérique ! Mon cœur treffaille, en pen-
fant que chaque État feroit fûr de
fe procurer toutes les néceffités &
les douceurs de la vie, à propor-
tion de la fertilité de fon fol & de
l'induftrie de fes habitans ! quelles
découvertes n'auroit-on pas lieu
d'attendre, quels talens ne verroit-
on pas éclore, à quel degré de per-
fection chaque art, chaque fcience
ne feroient-ils pas portés, fi un
champ auffi vafte venoit à s'ouvrir

à l'activité du genre humain !

L'ame de l'ami des hommes se sent inondée par la grandeur & l'importance des idées qui s'offrent à sa vue, lorsqu'il se peint pour un moment le genre humain uni par un intérêt mutuel & forcé par les nœuds que serre la communication du commerce, à avancer le bonheur général de l'espèce humaine.

Il est à peine nécessaire de s'arrêter à prouver qu'un tel plan peut être mis en exécution, avec peu de difficulté & peu de frais.

La Grande Brétagne seroit certainement aveugle fur fes intérêts, elle auroit perdu toute fenfibilité & tout preſſentiment, fi elle ne portoit pas à l'exécution de ce plan, toute la vigueur dont elle eſt capable. On fait affez qu'en ce moment, elle eſt en état de tenir tête aux puiffans ennemis avec lefquels elle eſt en guerre. La force de fa marine qui s'accroît journellement par fon activité domeſtique & fes prifes fur l'ennemi, eſt telle, que, jointe au courage de fes matelots, & à l'habileté de fes officiers de mer, il n'eſt rien qu'elle ne pût entreprendre avec l'affiſtance des forces de la Neutralité armée.

Qui

Qui pourroit douter que la Hollande refusât d'entrer dans une confédération dont les principes favoriseroient si particuliérèment l'étendue de son commerce & de son pouvoir ?

Bien plus ; les nouveaux États du nord de l'Amérique ne manqueroient pas de se réjouir d'un évènement qui les mettroit à même de réparer avec rapidité l'épuisement de trésors & de sang qu'ils ont si généreusement prodigués dans leurs nobles efforts pour acquérir l'indépendance.

En supposant donc, d'un côté l'union étroite d'une pareille con-

fédération dont le but feroit l'é-
mancipation générale des Colonies ;
de l'autre, la France & l'Efpagne,
dans la balance contre cette confédération ; qui pourroit douter
qu'une feule campagne ne fût fuf-
fifante pour obtenir la fin que fe
propoferoit cette ligue ? Déjà la
flotte angloife fe trouve égale
par le nombre & la force de fes
vaiffeaux, aux flottes de la maifon
de Bourbon. Si, donc, la Neutralité armée , en y comprenant la
Hollande , venoit à joindre aux
forces de l'Angleterre, cinquante
vaiffeaux de ligne ; ce qu'elle feroit aifément à même de faire, il

n'eſt aucune colonie françoiſe ou eſpagnole, qui, dans l'eſpace de ſix mois, ne ſe vît réduite à l'obéiſſance.

Les isles des Indes Occidentales, en particulier, ne ſauroient faire que peu de réſiſtance, & quant à l'Amérique eſpagnole, il réſulteroit du projet ſugéré de l'émancipation des Colonies, un ſi grand avantage pour ces provinces, qu'on pourroit raiſonnablement compter ſur leur concours, loin d'avoir à craindre leur oppoſition ou leur réſiſtance.

Mais on feroit dans le cas de demander quel eſt donc le vrai &

unique but qu'on doit fe propo-
fer, & quels font les moyens propres à l'exécution de ce but?

Le grand objet auquel on doit
tendre, eſt inconteſtablement d'a-
bolir toutes ces reſtrictions de commerce auxquelles les colonies Européennes fur le continent de l'A-
mérique, fe trouvent en ce moment aſſujetties ; d'accorder une
entière liberté à ces colonies, d'é-
tablir entre elles, l'eſpèce de gouvernement qui s'allieroit le mieux
avec le caractère & le génie de
leurs habitans ; & de faire une
telle répartition des iſles de l'A-
mérique entre les Puiſſances exé-

cutrices de ce fyftême, qu'elle pût les défrayer de leurs dépenfes refpectives, en cas que l'exécution de ce fyftéme les entraînât dans des frais extraordinaires.

On peut indiquer fans peine les moyens de parvenir à ce but.

La Grande Brétagne fe verroit dans l'obligation de reconnoître l'indépendance du Nord de l'Amérique, pour preuve de la fincérité de fes intentions à appuyer les principes de la ligue.

On devroit aider la Hollande à fe dégager de l'union, peu politique, où elle fe trouve en ce moment avec la France, en lui procurant une armée capable de la protéger contre les invasions de cette Monarchie, & au besoin même d'attaquer les Provinces de la France.

Qui ne voit qu'avec un peu de persuasion, on engageroit l'Empereur, cet ami de l'humanité, à coopérer à l'exécution d'un plan conforme à ses nobles & généreuses dispositions ?

Il conviendroit, aussitôt que la saison le permettroit, de renforcer les armemens de l'Angleterre de 40 à 50 vaisseaux de ligne, & de vingt mille hommes de troupes au moins, ce qui, joint à l'armée que les Anglois ont en ce moment en Améri-

que, seroit tranfporté pour attaquer les différentes isles de la France & de l'Efpagne , & les parties ad-
jacentes du Continent de l'Amérique méridionale.

Les confédérés devroient s'engager folemnellement à n'envahir pour
leur compte, aucune des poffef-
fions, aucune des Provinces du
Midi de l'Amérique, fe contentant
de forcer l'Efpagne & fes alliés à re-
tirer leurs flottes & leurs armées de
ce Continent, à démolir les fortifi-
cations qu'ils y ont élevées, & à laif-
fer aux natifs l'entière liberté d'établir telle efpèce de gouvernement
qu'ils jugeroient convenable d'a-
dopter.   B 4

Enfin, comme les frais qu'entraî-
neroit l'exécution de ce plan, femblent autorifer quelque compenfation , on propoferoit encore de
partager les isles de l'Archipel & de
l'Amérique entre les différentes
Puiffances promotrices de l'exécution de ce plan. L'isle de Cuba feroit allouée à la Ruffie ; la Marti-
nique au Dannemarc ; la Guade-
loupe à la Suède ; Porto - Rico à la
Pruffe ; Hifpaniola appartenant aux
Efpagnols , aux Hollandois ; Hifpaniola appartenant à la France , à
l'Empereur , & le refte des isles à
la Grande Brétagne.

Et en fuppofant que ce plan pût

s'exécuter à peu de frais, il feroit
fans doute plus conforme aux principes généraux de la ligue, d'accorder même à ces isles l'indépendance. Elles pourroient former en-
tr'elles une République fous un
gouvernement dont la réfidence ne
fe placeroit chez aucune d'elles,
tandis que les pouvoirs confédérés
de l'Europe s'établiroient garants de
l'indépendance de leur commerce
& de leur politique.

Voici donc l'efquiffe d'un plan
qui, quelque imaginaire qu'il puif-
fe paroître au premier coup d'œil,
préfenteroit peu de difficulté dans
fon exécution.

Ce plan offre un fyftéme très avantageux aux Puiffances intéref-fées dans la Neutralité armée, & même au genre humain en général. Il devient auffi effentiellement né-ceffaire à la préfervation de la li-berté fur l'indépendance des diffé-rentes Puiffances de l'Europe.

Les Puiffances du Nord qui font les principaux foutiens de la formi-dable confédération dont nous par-lons, ne peuvent manquer d'ap-percevoir de quel avantage feroit pour elles & pour leur fujets, la poffeffion d'isles fituées dans un climat fi différent du leur, & enri-chies des plus précieufes productions, sans parler du profit qu'elles retireroient d'un commerce libre & illimité avec les grands continens du Midi & du Nord de l'Amérique.

La France même & l'Espagne n'auroient aucune raison de se plaindre d'une pareille confédération. Quelle objection raisonnable pourroient faire à la confirmation de l'indépendance de l'Amérique méridionale, ces Puissances qui ont si libéralement assisté de leurs forces les Colonies Angloises pour les mettre en état de s'ériger en États souverains ? Ces mêmes droits naturels, cette même liberté dont el-

les ont pris la défenſe dans une partie de l'Amérique, refuſeroient - elles de les accorder dans une autre
partie du même Continent, à des
peuples & des habitans qui peuvent
les reclamer au moins avec autant
de juſtice ? Et ſi les motifs qui ont
déterminé la maiſon de Bourbon à
tirer avantage des difficultés dans
leſquelles un voiſin ſe trouvoit en-
gagé ; un voiſin avec lequel elle
étoit en paix, auquel elle donnoit
des aſſurances de la plus grande
amitié ; des poſſeſſions duquel elle
étoit même garante en Amérique ;
un voiſin qu'elle avoit pris enga-
gement, non d'attaquer, mais d'aſ-
ſiſter ; ſi ces motifs , loin de pren-

dre leur source dans une généreuse disposition de protéger des opprimés, n'étoient que l'effet d'une jalousie mal fondée, ou d'un desir de tirer vengeance d'anciennes injures, comment cette maison pourroit-elle refuser aux autres nations de l'Europe, le droit d'adopter les mêmes principes de conduite à son égard ; puisqu'elle excite avec bien plus de raison la jalousie des autres États, puisqu'il n'en est aucun, qui n'ait à venger contr'elle des injures anciennes ou récentes mille fois plus atroces, & qu'enfin les Colonies Françoises ne sont pas sous un joug moins pesant & ne soupirent pas moins après leur délivrance ?

On ne peut fe diffimuler que les partifans de la maifon de Bourbon fauront mettre en œuvre mille artifices pour empêcher les différentes Puiffances de l'Europe de prêter l'oreille aux idées que nous propofons. Dès longtems la France a tiré vanité de la dextérité avec laquelle elle fait s'infinuer dans les confeils de fes voifins, & plier leur conduite à fes vues ; mais dans ce moment furtout où le plan propofé tendroit à mettre fin à fes projets ambitieux de domination fur l'Europe & fur l'Amérique, elle faura employer les mêmes rufes pour ridiculifer ce projet, comme étant celui d'un vifionnaire ; pour le dé-

clarer impraticable dans fon exécution, & pour élever contre fon
accompliffement mille autres ob-
jections qne fon ambition allarmée
faura lui fuggérer. Mais on fe flatte
que les autres États refuferont de
prêter l'oreille à fes difcours infi-
dieux!

Quant à l'Efpagne, on a bien
plus lieu encore de s'étonner, que
l'indignation & le reffentiment de
l'Europe n'aient pas éclaté depuis
longtems contre ces orgueilleux
monopoleurs; & le genre humain
renonça à toute fenfibilité, quand
il fouffrit que les provinces du monde les plus fertiles & les plus ri-

ches, fussent si longtems assujetties
à cette dure & détestable domination. Quelle est la nation qui ne
doive s'indigner, en pensant aux
arrogantes prétentions d'une seule
monarchie, qui croit pouvoir s'em-
parer d'une si grande étendue de
pays, & empêcher qu'aucun autre État de l'Europe n'approche
de ses bords. Ah! sans ses oppres-
sions & son mauvais gouvernement,
que de millions de nouveaux habitans ne verroit-on pas prospérer aujourd'hui dans ces régions lointai-
nes, & que de jouissances l'Europe
ne puiseroit-elle pas dans sa communication avec ces peuples? Le

tems n'eſt donc que trop venu d'a-
bolir à toujours ce ſyſtême tyranni-
que d'oppreſſion, en permettant aux
malheureuſes colonies de goûter enfin quelque peu de liberté & de
bonheur.

Pourrions-nous négliger, en ter-
minant ce court eſſai, de réveiller
l'attention de l'Europe ſur l'indigne
traitement que la Grande-Brétagne
a éprouvé de la part des ennemis
réunis en ce moment contr'elle ?
Non contens de ſouffler ſecrète-
ment le feu de la révolte dans le
nord de l'Amérique, non contens
d'inſiſter ſur l'entière & illimitée
indépendance de ſes colonies, ne

les a-t-on pas vu prendre lâchement
avantage de ſes troubles domeſti-
ques, pour lui dérober d'autres poſ-
feſſions, dont peu auparavant ces
mêmes ennemis avoient reconnu la
légitime propriété ? S'ils ne ſe fuſ-
ſent propoſé que l'indépendance de
l'Amérique, on eût pu colorer leurs
procédés d'une apparence de géné-
roſité. Mais quelle eſpèce de rapport
pourroit avoir avec l'indépendance
de ce continent, la poſſeſſion de Mi-
norque, de Gibraltar, de la Gre-
nade, de Tabago, de St. Vincent ?
La réponſe eſt aiſée. Aucun, ſinon
celui qu'une apparence de généro-
ſité peut avoir avec l'injuſtice &
une trahiſon réelle.

Je n'ignore pas que depuis la conclufion de la paix de Paris, on a accufé la Grande-Brétagne d'avoir manifefté une conduite orgueilleufe vis-à-vis de fes voifins. Si ce reproche fut fondé, elle n'a que trop reçu, depuis, de leçons d'humilité. Mais auffi comment l'Europe mettroit-elle en oubli les différens fervices que prefque chacune de ces Puiffances a reçus de la part des habitans de cette isle? La Ruffie ne fe fouvient-elle plus des fecours qu'elle en a reçus récemment, lorfque la France, par une fuite de fon affection pour les Turcs & les infidèles, fe difpofoit à détruire sa marine ? Le brave Frédéric auroit-il enseveli dans l'oubli le zèle & l'empressement avec lesquels, non seulement le souverain de cette isle, non seulement son parlement, mais son peuple même tiroit gloire de se nommer les amis de sa cause, les soutiens de son pouvoir & de sa gloire ?

L'Empereur d'Allemagne n'a-t-il point appris de la bouche de ceux qui lui ont révélé les tristes scènes de sa plus tendre enfance, que lorsqu'une puissante confédération menaçoit de destruction, & lui, & sa mère, & ses États ; & qu'un nouveau candidat se présentoit pour occuper le siège impérial , & que la France , pour soutenir ce choix , inondoit le pays de ses formidables armées , la Grande - Brétagne le présenta pour le défendre & pour le protéger ? Tous les efforts de ses sujets eussent été insuffisans ; envain enfant alors , & le sourire sur les lèvres , le fût - il présenté dans l'assemblée de ses sujets Hongrois , si l'Angleterre n'eût prodigué pour sa défense , & ses trésors & son sang.

Il est sans doute inutile de rappeler ici les différens secours que les voisins de la Grande - Brétagne ont reçus d'elle en différens tems. „ On

a vu, pour me fervir des expref-
fions du poëte Thomfon, fon
ame généreufe s'enflammer pour
tous les États opprimés, aux-
quels elle prodigua toujours fon
fang & fes tréfors, & fon génie
perçant planer fur tous les empires, pour faire éclore par tout les
fruits brillans de la paix, but unique de fes nobles travaux.

Et comment fupporteroit-on l'i-
dée qu'il pût y avoir en Europe,
des hommes affez infenfibles aux
calamités de leurs femblables, affez
aveuglés fur leurs propres intéréts,
pour fouffrir qu'une telle Puiffance
fe vît écrafée par une famille ambi-

tieufe, & que des États aujourd'hui fuffifamment puiffans, s'agrandiffent de fes dépouilles!

O vous, amis de la liberté de l'Europe, fortez de la fatale léthargie où vous êtes plongés! Réveillez - vous pour prendre foin de vos plus chers intérêts. Unis enfemble, rendez vos fujets heureux, & maintenez l'indépendance du genre humain.

APPENDICE.

Ayant adressé le traité ci-dessus en manuscrit à un ami, il me l'a renvoyé avec la lettre suivante, & comme cette lettre renferme quelques observations ultérieures sur le même sujet, j'ai pris la liberté de la communiquer au public, à cause du rapport qu'elle a avec une question qui ne sauroit être examinée avec trop d'attention & de détails.

MONSIEUR,

J'AI lu votre *Crife de l'Europe* avec le même plaifir que je trouve à lire toutes vos productions. Le fujet de ce traité eft des plus importans, & permettez-moi d'ajouter, fans encourir le reproche de flatterie, que ce traité eft écrit de main de maître.

J'avoue que le plan que vous fuggérez, me femble importer effentiellement à la fûreté & à la liberté de l'Europe, & quand l'amitié que je porte à fon auteur, feroit mife de côté, je ne laifferois pas de contribuer de tout mon pou-

C

voir à en procurer le fuccès.

Il eft bien étonnant, fans doute, que l'Europe n'ait point encore ouvert les yeux fur les conféquences qui pourroient réfulter de l'indépendance du nord de l'Amérique. Combien de fois n'a-t-on pas vu dans l'hiftoire les plus célèbres révolutions, occafionnées par des circonftances d'une bien moindre importance ? Il eft donc du devoir des citoyens du monde & des amis de l'humanité, de confacrer leur tems & leur loifir à expofer les conféquences qu'un pareil évènement doit naturellement entraîner, & à rechercher particulièrement ce qui en doit résulter dans les autres parties de l'hémisphère Américain ; car si l'indépendance du nord de l'Amérique se trouve invariablement fixée, on verra l'Amérique méridionale & les isles des Indes Occidentales continuer à être maîtrisées par la maison de Bourbon, ou subjuguées par les États du nord de l'Amérique. Dans l'un ou l'autre de ces cas, l'Europe en général n'auroit pas sujet de s'en réjouir ; ou enfin on verra des gouvernemens nouveaux & distincts s'élever dans le midi de l'Amérique, & , peut-être, aux Indes Occidentales.

Le premier de ces évènemens,

(ainſi que vous l'avez bien ſolide-
mement établi) ſeroit inconteſtablement une circonſtance bien dan-
gereuſe; car ſi la France & l'Eſpa-
gne ſe trouvoient jouïr, en quelque ſorte, de tous les avantages du
commerce & des richeſſes de l'A-
mérique, ſans aucun contrepoids
de même nature, elles s'élèveroient
en peu de tems à un tel degré de
puiſſance & de ſplendeur, qu'il ne
ſeroit au pouvoir d'aucune confédération européenne d'y réſiſter.

La France, conſidérée en elle-
même, jouit de tant d'avantages
naturels, qu'à l'aide d'un ſage gouvernement, elle doit devenir la plus

puissante monarchie de l'Europe. Son sol est riche & fertile, son climat doux & salubre, ses habitans industrieux, braves & entreprenans. En permettant donc que cette monarchie ajoute aux avantages naturels dont elle jouit, d'autres avantages particuliers & importans, ce seroit nous engager dans des périls dont nous ne pourrions sortir qu'en prodiguant notre sang & nos trésors.

Je ne vois pas non plus que le général de l'Europe eût à se féliciter de l'indépendance du continent du nord de l'Amérique, à moins que les Indes Occidentales & le midi

de l'Amérique, n'obtinffent la même indépendance, & cela fous un
gouvernement féparé. Je penfe donc
que les différens États de l'Europe
font dans la néceffité d'interpofer
leurs bons offices pendant qu'il en
eft tems , pour établir des gouvernemens indépendans, mais diftincts
dans les Indes Occidentales & dans
le midi de l'Amérique , fans quoi
il feroit à craindre que les nouveaux
États de l'Amérique ne fuffent
dans peu à méme, en dépit des op-
pofitions de notre Europe, de fub-
juguer les autres parties de l'hémif-
phère Américain. L'Amérique réu-
nie alors fous un feul gouverne-

ment, & trouvant dans son sein, non seulement toutes les nécessités, mais encore toutes les superfluités de la vie, seroit en état, en peu de tems, de rompre toute communication avec l'Europe ; pour lors ses habitans, privés des sources de leurs richesses, de leur industrie, & de la plus grande partie des objets de leurs jouissances, ne tarderoient pas à devenir les êtres les plus misérables du genre humain.

Le plan, donc, que vous proposez est le seul en ce moment qui mérite la sanction générale des différens États de l'Europe. Les Indes Occidentales & le midi de l'Amérique une fois émancipés, nous n'aurons plus à redouter d'un côté le joug de la maison de Bourbon, & de l'autre, la féparation ou l'indépendance des Américains de l'Europe, parce qu'ils fe trouveront divifés en différens gouvernemens. Alors la liberté du commerce que vous préfentez, offrira aux Puiffances du Nord, une compenfation des pertes auxquelles pourroit les expofer l'établiffement définitif de l'indépendance du nord de l'Amérique.

Oui, le libre commerce du Chili & du Pérou peut feul dédommager les Puiffances de la Baltique

des pertes qu'elles auront inconteſtablement à ſupporter de cette
indépendance. Elles n'ont en effet
aucune branche de commerce, dans
laquelle elles n'aient à craindre
d'être ſupplantées par ces nouveaux
États du nord de l'Amérique ; leurs
bois, leurs fers, leurs poix, leur
goudron & leurs autres productions ceſſeront d'être de requête,
& au lieu de 4000 voiſſeaux char-
gés maintenant des productions de
la Baltique, on en verra à peine
400 payer leur tribut annuel au
Roi de Dannemarc.

La grande difficulté qui ſe pré-
ſente dans l'expoſition de votre pro-

jet, eſt de déterminer ce qu'il y auroit à faire relativement aux isles conſidérables de l'Amérique appartenant à l'Europe. Si elles ſe trouvent dans une poſition qui comporte leur indépendance, on ne ſauroit ſans injuſtice la leur refuſer, non plus qu'à telle autre partie du continent. Si, au contraire, elles ſe trouvoient être dans un état de foibleſſe, tel qu'elles ne puſſent ſe ſoutenir par elles-mêmes, ce ſeroit alors le cas d'adopter le partage dont vous faites mention dans votre traité.

J'eſpère que vous voudrez excuſer la liberté que j'ai priſe de

vous diftraire par ces courtes ré-
flexions ; recevez-les comme un
foible témoignage de la confidéra-
tion avec laquelle j'ai l'honneur
d'être, &c.

F I N.